Azwihangwisi Judith Mphidi

As origens da relação entre a polícia e a comunidade

Azwihangwisi Judith Mphidi

As origens da relação entre a polícia e a comunidade

Uma breve história da República da África do Sul

ScienciaScripts

This book is a translation from the original published under ISBN 978-3-659-96716-0.

Publisher:
Sciencia Scripts
is a trademark of
Dodo Books Indian Ocean Ltd. and OmniScriptum S.R.L publishing group

120 High Road, East Finchley, London, N2 9ED, United Kingdom
Str. Armeneasca 28/1, office 1, Chisinau MD-2012, Republic of Moldova, Europe
Printed at: see last page
ISBN: 978-620-7-74080-2

Sobre o autor

Azwihangwisi Judith Mphidi (A J Mphidi) é o fundador e diretor da Human Police Policing Human (Pty) Ltd. Uma empresa que presta serviços de investigação, workshops personalizados, serviços de assistente de investigação e campanhas de sensibilização. O interesse e o foco da investigação centram-se em questões relacionadas com as esferas da justiça penal e a conformidade. A J Mphidi é natural de uma aldeia rural chamada Gogobole, situada em Venda, na província do Limpopo, na República da África do Sul.

Matriculou-se na Makgoka High School e prosseguiu os seus estudos na Universidade da África do Sul, onde obteve as seguintes qualificações: Diploma Nacional: Policiamento, Baccalaureus Technologiae: Policiamento e Magister Technologiae: Policiamento: Dissertação: *Uma análise das regras e procedimentos de denúncia de fraude e corrupção no Ministério do Comércio e Indústria.*

Este livro é dedicado a todas as famílias, clãs e comunidades que se preocupam com a segurança e proteção dos seus entes queridos. Além disso, foi inspirado pela minha própria família, a minha filha Muvhango Cassidy, as irmãs Mukona e Khathutshelo, o meu irmão Dr. Makotoko Hamilton Mphidi. Sem esquecer os meus falecidos pais, Sewela Francina e Muvhango Edward Mphidi.

Resumo

Desde então, a relação entre a polícia e a comunidade tem vindo a deteriorar-se devido a alguns incidentes infelizes ocorridos durante o policiamento. Há muitos factores desconhecidos que contribuem para que a relação se desenrole a este ritmo. A profissão de polícia tem vindo a ser complementada, questionada eticamente, manchada e rotulada de incompetente e brutal pela sociedade.

Existem alguns factores que contribuem para a perceção de ambos os lados, a polícia e a comunidade, que não são revelados para que todos os envolvidos compreendam de onde veio a legislação sobre policiamento? Quem formulou a profissão de polícia? Quais foram os motivos? E como a polícia e a comunidade interagiram durante o policiamento e porquê? Assim, o objetivo principal deste livro foi o de proporcionar uma compreensão das origens da relação entre a polícia e a comunidade, respondendo a todas as perguntas das famílias da República da África do Sul.

Foi efectuada uma revisão da literatura para fornecer um resumo para este livro. A revisão sugeriu que a legislação sobre o policiamento veio de todo o lado, mas apenas uma dominou ao longo dos 300 anos de colonialismo, dos 30 anos de implementação da política pelo apartheid e ainda na era democrática. Descobriu-se também que o policiamento é um ato natural para quase todos os seres humanos, no entanto, apenas uma cultura e tradição nativas dominaram e decidiram profissionalizá-lo e implementá-lo por várias razões na República da África do Sul.

As interacções com a polícia sugerem que havia desigualdade no policiamento, o que também contribuiu para os desafios do policiamento moderno. Sugeriu também que os direitos humanos universais não eram tidos em conta e que a diversidade de origens culturais era ignorada. Assim, contribuiu para as dificuldades de moldar e reparar a relação entre a polícia e a comunidade no país.

Conteúdo

Capítulo 1   6

Capítulo 2   8

Capítulo 3   11

Capítulo 4   13

Capítulo 5   17

Capítulo 6   20

Capítulo 7   22

Capítulo 8   33

Capítulo 9   38

Capítulo 10   42

Introdução

O Serviço de Polícia da África do Sul (SAPS) tem-se esforçado por desenvolver e manter uma relação de confiança sólida com as comunidades da República da África do Sul (RAS). A relação tem sido, desde há algum tempo, de amor e ódio. Raramente há elogios, acusações de conduta pouco ética, alegações de abuso dos direitos humanos e rotulagem de incompetente e brutal por parte da comunidade. Há muitos factores que contribuem para que a relação seja a que tem sido nos últimos 300 anos de colonialismo, 30 anos de aplicação da política do apartheid e menos de 22 anos de democracia.

Para compreendermos o dia de hoje, temos muitas vezes de olhar para trás, para o dia de ontem (Bucqueroux, 2007). Um dos principais factores que contribuem para que a relação entre a polícia e a comunidade se processe a este ritmo é a história da lei e da ordem na RAS[1] . A RAS já teve várias eras para que o país se encontrasse neste estado. As eras conhecidas e documentadas são a pré-colonial, a colonial, a do apartheid e a democrática. Este livro fornece um resumo das épocas para articular o percurso da relação entre a polícia e a comunidade.

A RAS esteve sob o domínio colonial durante 300 anos, 30 anos de política formal do regime do apartheid, que consolidou e legislou a exclusão racial e a exploração económica de todos os cidadãos não classificados como brancos, que terminou em 1994 (Van der Spuy & Rontsch, 2008: 52). Para além disso, a RAS foi descrita como um Estado policial antes de 1994, devido ao método de policiamento que estava intimamente associado ao militar (Van Graan, 2005: 18).

Desde 1994, a legislação para estabelecer um serviço nacional de polícia chamado SAPS[2] foi então estabelecida ao abrigo da nova lei suprema do país chamada Constituição da República da África do Sul 108 de 1996 (África do Sul, 1996), capítulo

---

[1] A República da África do Sul é um país do continente africano na região austral.

[2] O Serviço de Polícia da África do Sul é a instituição profissional de polícia nacionalizada após 1994.

II, secção 205. A legislação prevê que a segurança e a proteção devem ser uma responsabilidade partilhada entre a polícia e a comunidade (Van der Spuy & Rontsch, 2008: 52). No entanto, o novo governo herdou um aparelho de aplicação da lei ao qual os valores da constituição provisória e as normas internacionais de direitos humanos eram estranhos, especialmente no antigo SAP[3] (Dereymaeker & Muntingh, 2013: 5).

É evidente que nem todos os cidadãos nativos da RAS sabiam como reconhecer e ganhar confiança no recém-criado SAPS para a sua segurança e proteção, apesar de terem estado sob o sistema colonial durante mais de 300 anos e de terem sido excluídos da lei e da ordem social durante 30 anos. Simultaneamente, foram vítimas de uma época de policiamento. Além disso, algumas comunidades consideravam o SAPS como representante de um sistema ilegítimo, repressivo e injusto que, de um modo geral, estava em contradição com a filosofia do policiamento comunitário (Van Graan, 2005: 20).

Este livro tem como objetivo explorar brevemente as origens da relação entre a polícia e a comunidade na RAS. Através da observação quotidiana, é evidente que a RAS de hoje acolhe diversos nativos de diferentes partes do globo, razão pela qual é chamada a "*nação arco-íris*". No entanto, a maioria dos nativos é constituída pelos povos Batswana, Basotho, Bapedi, AmaZulu, AmaXhosa, AmaSwati, VhaVenda, MaTsonga e AmaNdebele.

Este livro irá explicar porque é que o policiamento moderno está a lutar para conquistar o coração de todos os cidadãos da RAS. Compreender a história do início da relação pode ajudar a explicar por que razão a relação continua no estado em que se encontra atualmente, mesmo após 22 anos de democracia.

---

[3] A polícia sul-africana é a instituiçãoprofissional de polícia nacionalizada antes de 1994.

Capítulo 1

Lei e ordem social dos nativos africanos

De um modo geral, é sabido que os seres humanos não nascem naturalmente com a capacidade de comunicar como um adulto ou mesmo de escrever. A língua e a capacidade de escrever foram e continuam a ser aprendidas com aqueles que nasceram antes dos outros e, na sua maioria, esperava-se que os adultos educassem e ensinassem os jovens a desenvolver meios de comunicar com os outros e a fazer qualquer coisa socialmente. Os métodos de ensino eram obviamente diferentes de uma família para outra devido à diversidade cultural em todo o mundo, incluindo o continente africano. Cada família tinha os seus próprios meios de comunicação e maneiras de fazer as coisas.

A comunicação escrita mais antiga de que há registo é uma forma de arte encontrada nas grutas do continente africano, que conta uma história ou indica uma viagem ou um estilo de vida num determinado momento ou sentimento, se for o caso. O modo de vida foi e continua a ser aprendido durante as fases da vida, e as suas normas e padrões escritos ou não escritos dessa família, clã, tribo ou comunidade em particular, que obviamente vinham acompanhados de condições de fazer e não fazer. É também muito claro que, naturalmente, os seres humanos diferem uns dos outros em termos de carácter, pelo que alguns desses caracteres se desviarão inevitavelmente das normas e padrões estabelecidos para a família e a comunidade.

São então aplicadas medidas correctivas ao carácter desse ser humano, a fim de o reabilitar de forma a que as normas e os padrões estabelecidos para todos na comunidade sejam praticados. Antigamente, e ainda hoje, as discussões para a resolução de problemas são marcadas para uma sessão no tribunal de família comunal, onde as famílias tinham e ainda têm anciãos que constituem uma sessão para resolver o assunto (Hess & Hess Orthmann, 2012:5).

É também evidente que houve muitas formas de desvio das normas e padrões estabelecidos, algumas das quais assumiram a forma de crime. As medidas correctivas são obviamente diferentes de quando um ser humano se esquece de seguir as regras na execução das tarefas domésticas do que quando comete um crime contra um ser humano da comunidade. O crime cometido foi ponderado de forma diferente e as medidas correctivas também terão de ser diferentes.

De acordo com Hess e Hess Orthmann (2012: 5), antigamente, os anciãos das tribos ou clãs tinham poderes legislativos e judiciais executivos e nomeavam frequentemente membros da tribo para desempenharem tarefas especiais, como guarda-costas ou aplicação de éditos, enquanto os crimes cometidos eram tratados pela vítima ou pela família para punir o infrator. Os infractores eram banidos ou obrigados a seguir determinadas regras, sob pena de serem banidos ou mortos.

Os seres humanos são considerados naturalmente protectores da sua própria espécie, pelo que as funções de policiamento eram também desempenhadas de acordo com o modo de vida das comunidades e era geralmente um dever voluntário protegerem-se mutuamente de qualquer tipo de dano (Bucqueroux, 2007:2). As normas e os padrões incluíam, obviamente, a proteção mútua numa forma de policiamento, procurando os proscritos que entravam nas comunidades, os ladrões de gado, os assassínios, as agressões que ocorriam e que a família comunicava aos mais velhos, etc.

Qualquer que fosse o caso, o que era considerado fora da lei dentro das normas e padrões estabelecidos pela comunidade. O policiamento no seio de uma comunidade era visto como uma fonte de orgulho, bem como orientações para evitar erros futuros (Hess & Hess Orthmann, 2012: 4). Ao longo da história, coisas como a ordem social mudam devido à migração global dos seres humanos.

Os seres humanos deslocavam-se de um lugar para outro por muitas razões diferentes. Poderiam ser razões ambientais, aventuras por comida e outras razões desconhecidas. As normas e padrões não escritos da antiguidade foram então desafiados pela migração, porque isso significava que, em todo o mundo, as pessoas acabariam por se encontrar com outras pessoas diferentes de outras tribos.

Capítulo 2

Quando o nativo africano encontrou o nativo europeu

O continente africano, tal como o conhecemos, acolheu e continua a acolher diferentes nativos africanos de diversas comunidades com diferentes origens culturais ou modos de vida. De acordo com a Organização Internacional do Trabalho e a Comissão Africana dos Direitos do Homem e dos Povos (ILOACHPR[4]), (2009: 8-9) o povo San é conhecido por ser o primeiro habitante da atual RAS, tendo chegado à atual província do Cabo Ocidental da RAS há 120 000 anos, enquanto os Khoekhoe chegaram há 2000 anos.

Eram conhecidos por serem caçadores tradicionais e estabeleceram um modo de vida dentro dos territórios terrestres que foi transmitido entre si de geração em geração ao longo do tempo. Após a chegada dos San e dos KhoeKhoe, a partir de cerca de 250 d.C., o povo Bantu, que se diz ser originário da África Central, chegou à atual RAS. O povo Bantu, que era maioritariamente agricultor, era constituído por vários subgrupos, tais como Batswana, Basotho, Bapedi, AmaZulu, AmaKhosa, AmaSwati, VhaVenda, VaTsonga e AmaNdebele (ILOACHPR, 2009: 10).

O seu estilo de vida, os nativos africanos, consistia em pequenos grupos familiares que viviam juntos como tribos ou comunidades e clãs que também tinham uma ordem social bem estabelecida (Hess & Hess Orthmann, 2012:05). Dentro destas comunidades diversas, cada família tinha normas e padrões não escritos para regular o modo de vida. Isto deve-se ao facto de os nativos africanos serem, por natureza, pessoas pré-alfabetizadas, ou seja, pessoas sem escrita (Van Neikerk, 1995:14). É evidente que havia uma diferença nos grupos etários, o que obviamente sugere que havia liderança no seio das famílias, clãs e comunidades.

De acordo com a OITACHPR (2009: 10), as posições de liderança, como a chefia, eram geralmente hereditárias e não políticas no sentido colonial. Para além

---

[4] Organização Internacional do Trabalho e Comissão Africana dos Direitos do Homem e dos Povos

disso, quem quer que fosse um líder tinha limitações quando se tratava de tomar decisões por si próprio. Existiam obrigações de consulta com as pessoas relevantes e, raramente, sob a forma de uma reunião no seio da família, clã ou comunidade. Era evidente que, de uma forma ou de outra, os nativos africanos estavam obrigados a encontrar-se com outros nativos do continente africano.

O estabelecimento de algum tipo de comunicação era inevitável para efeitos de identificação e medidas para encontrar formas de transmitir a mensagem à outra pessoa. Presume-se que possam ter usado a comunicação não-verbal para mostrar contentamento ou descontentamento por estarem no presente do outro ser humano que lhes parece diferente. De acordo com o livro dos alunos de História das Ciências Sociais (sem data: 2), a chegada dos imigrantes Bantu teve obviamente um impacto no modo de vida dos povos San e Khoekhoe, especialmente devido à diferença de ordem social.

Isto causou conflitos porque os Bantus eram agricultores que precisavam de terra para plantar as suas colheitas e pastar o seu gado, os Khoekhoe e os San também tiveram pequenas lutas por causa da água e dos alimentos. No entanto, isto foi resolvido porque a área era suficientemente vasta para se poder viver lado a lado em paz (Social Sciences History learners book, sem data: 2). Não é óbvio se os nativos africanos previram que poderia haver outros nativos de fora do continente africano, que não se pareciam com eles em termos de cor de pele, língua e normas e padrões. Era inevitável que os nativos africanos encontrassem esses estranhos devido às migrações humanas, pelas diferentes razões referidas.

Alguns dos registos de migração dos nativos europeus são os dos exploradores e marinheiros portugueses liderados por Barthlomey Diaz, que chegaram à Baía de Mosel a 3 de fevereiro de 1488 (ILOACHPR, 2009:10). Diz-se que estavam em trânsito e que raramente interagiram com a população local, constituída principalmente pelos Khoekhoe e pelos San. Entre outros nativos europeus que passaram pela atual província do Cabo Ocidental da RAS, encontrava-se um inglês chamado Edward Terry em 1616 (Social Sciences History learners book, sem data: 1).

Depois disso, a fixação dos nativos europeus foi cimentada pela criação de uma estação de refrescos por um holandês chamado Jan van Riebeek, que desembarcou na atual província do Cabo Ocidental da RSA em 1652. A estação tinha também empregados holandeses (hoje chamados Boers ou Afrikaners) que, após a reforma, se estabeleceram como agricultores (ILOACHPR, 2009:10). Os nativos europeus eram capazes de escrever nas suas próprias línguas, nomeadamente inglês, holandês e alemão.

Era muito claro que os colonos pensavam que as leis e ordens não escritas não eram automaticamente reconhecidas, uma vez que identificavam e estabeleciam a colonização na RAS. Assim, presumia-se que as normas e padrões não escritos indígenas tinham sido objeto de intervenção dos colonos.

Diz-se que as normas e a ordem dos nativos africanos não foram escritas, pelo que, de um modo geral, todo o continente africano, incluindo a RAS, tem sido negado o seu lugar na história, porque nem todas as leis e ordens sociais dos nativos africanos foram documentadas (Van Niekerk, 1995: 10). Evidentemente, este facto terá alterado drasticamente a ordem social dos nativos africanos, porque a colonização significou que os conflitos em torno de recursos como a terra, a água e os alimentos eram novamente inevitáveis. Assim, muitos adaptaram-se ao estilo de vida colonial, interagiram e tiveram casamentos mistos, enquanto outros optaram por defender os seus territórios.

Diz-se que os sobreviventes permaneceram nos actuais países vizinhos da RAS, que são a Namíbia e o Botsuana, no continente africano (Social Sciences History learners book, sem data: 2). O estabelecimento permanente dos nativos europeus foi o início da era colonial na RAS, sugerindo assim uma invasão, porque a imigração do povo Bantu para a RAS não resultou em desigualdade, mas sim numa resolução no final, como a história sugere. No entanto, a imigração dos nativos europeus para a RAS sugere que havia questões não resolvidas e uma hostilidade constante devido à migração mencionada de alguns dos nativos africanos para os países vizinhos mencionados.

Capítulo 3

Época colonial

A era colonial começou depois de os nativos europeus terem decidido tomar as terras e instalar-se no continente africano, incluindo a RAS. Sabiam também que os nativos africanos não estavam satisfeitos com a sua fixação, razão pela qual alguns nativos africanos decidiram lutar e outros decidiram partir para os países vizinhos. A história diz-nos que a maior parte do continente africano esteve sob domínio colonial durante centenas de anos.

A história diz-nos que a maior parte dos países africanos, como o Uganda, a Nigéria, a Tanzânia e o Quénia, obtiveram a sua independência da Grã-Bretanha no início da década de 1960. No caso de países como o Quénia, a independência foi obtida depois de a Grã-Bretanha ter pressionado os partidos da oposição a conceder a independência ao povo queniano em 1963 (Van der Spuy, 2005:6-9). A Tanzânia também foi colonizada pelos alemães de 1886 a 1919, tendo sido transferida para os britânicos após a Primeira Guerra Mundial. Os tanzanianos obtiveram a sua independência em 1962 (Van der Spuy, 2005:58-65).

O Zimbabué tornou-se independente dos britânicos em 1980. Apesar de a história nos dizer que a maior parte dos países do continente africano conquistou a independência, as provas da colonização ainda são muito visíveis até à data. Isto sugere que os colonos[5] estavam conscientes de que se tratava de uma invasão e não de uma visita, de que havia interferência na vida dos nativos africanos nos seus modos de vida autóctones, incluindo a lei e a ordem, razão pela qual decidiram não os manter cativos por mais tempo dos seus modos de vida autóctones. As normas não escritas e os padrões das tribos nativas africanas foram substituídos pelo sistema colonial de lei e ordem até à data.

---

[5] Colonos é um termo utilizado ao longo da história para descrever os estrangeiros num país, pessoas que se deslocam da sua terra natal para outra e aí se estabelecem.

Na RAS, a instalação dos nativos europeus trouxe aparentemente a lei e as ordens romanas holandesas, que foram gradualmente mantidas, mas quando a Grã-Bretanha assumiu o controlo em 1806, os tribunais adaptaram-se à utilização dos procedimentos ingleses[6] para a apresentação e tratamento de provas em julgamentos civis e criminais (Ritchie & Ansell, 2006: 13). De acordo com a OITACHPR (2009:10-11), havia uma divisão entre os nativos europeus, os britânicos na atual província do Cabo Ocidental introduziram o seu conceito de liberdade e igualdade, ao qual os holandeses se opuseram. Assim, os holandeses desenvolveram as suas próprias comunidades e identidade como Afrikaners e os ingleses provocaram e ganharam a guerra anglo-bóer entre 1899 e 1902.

No entanto, no ano de 1910, os Afrikaners subiram ao poder na União da África do Sul e decretaram restrições aos direitos políticos dos nativos africanos. Durante este período e por volta do ano de 1911, os nativos africanos perderam a maior parte das suas terras e sofreram violações dos seus direitos e liberdades fundamentais, bem como leis discriminatórias na RAS (ILOACHPR, 2009:6). Assim, o regime de colonização durou mais de 300 anos desde o estabelecimento dos nativos europeus na RAS.

Os nativos africanos sofreram ainda mais com a instauração de uma política formal com 30 anos de existência, que consolidou e legislou a exclusão racial e a exploração económica de todos os cidadãos da RAS não classificados como brancos e que terminou em 1994 (Van der Spuy & Rontsch, 2008: 52). No entanto, até à data, a RAS dispunha de uma Comissão de Verdade e Reconciliação (TRC) para tentar levar todos os nativos a conversar, possivelmente perdoar e reconciliar-se com questões relacionadas com o passado.

---

[6] O inglês é uma língua utilizada pelos nativos europeus, por exemplo, da Grã-Bretanha.

Capítulo 4
Era do apartheid

Os colonos também trouxeram consigo as suas tradições, incluindo a lei e a ordem. Este tipo de distúrbios levou o SAP a armar a organização para maior proteção da supremacia colonial. Houve muitas mortes em resultado da resistência a esta opressão e dominação na RAS, algumas das quais foram registadas pela Amnistia Internacional ao longo dos anos. Era evidente que havia muito medo, razão pela qual havia também reservistas profissionais da polícia e o destacamento de reservistas não remunerados.

Isto sugere que os colonos estavam de facto assustados e usavam a polícia profissional para os seus interesses e é por isso que era vital aumentar o número de polícias profissionais para travar a resistência. Esta situação obrigava o profissional da polícia a viver e a manter dois estilos de vida diferentes, o da sua natureza nativa e o da profissão de polícia, tal como legislado por organismos específicos. Percebeu-se que a relação de intimidade do oficial de polícia profissional com a comunidade era propensa a suborno em troca (Kelling & Moore, 1988:3).

Em casa, o profissional da polícia devia continuar a fazer parte de uma família, de um clã e de uma comunidade. Mas no trabalho, espera-se que ele ou ela cumpra as leis e ordens de policiamento da sua família, clã ou comunidade. Os agentes profissionais da polícia foram colocados em situações em que o crime na comunidade, como na América Central, é cometido por jovens entre os 15 e os 24 anos e, por isso, têm de ser detidos. Em locais como os países da África Subsariana e a RAS, a idade de 15 anos é considerada como uma criança e pertence a grupos vulneráveis.

O profissional de polícia foi apanhado em tristes situações comunitárias que raramente colocam este grupo etário como perpetrador e também como vítima (United Nations Office on Drugs and Crime, 2007: vii). Para além disso, era esperado que voltasse a essa comunidade e enfrentasse os pais ou familiares das pessoas que prendeu por esse crime em particular. A comunidade, quando vê o profissional de polícia a viver dois estilos de vida, que, "um é vantajoso ou desvantajoso para a comunidade", deve ter começado a ver o profissional de polícia sob diferentes perspectivas.

As perspectivas eram boas ou más, dependendo das especificações das funções de policiamento. O profissional da polícia que perseguia criminosos e infractores para fins de justiça para as famílias era visto como um herói. Aos olhos dos escravizados, eram vistos como tiradores da liberdade. Para os oprimidos e brutalmente tratados por organismos específicos que utilizam a profissão de polícia, serão vistos como inimigos.

Durante o policiamento, tomando como exemplo países como o Zimbabué, foi relatado que existem violações durante as investigações policiais, interrogatórios e detenções quando se trata de grupos vulneráveis. A polícia foi acusada de tortura, uso excessivo da força e detenção ilegal (Makwerere, Chinzete & Musorowegomo, 2012: 132).

Em alguns lugares como o Brasil, algumas palavras foram ditas diretamente pela polícia, tais como "*isto foi só o começo, eles querem guerra e vão ter guerra, o problema do tráfico só pode ser resolvido com sangue, é a única linguagem que eles entendem*", esta foi a resposta de um delegado chefe da 21ª esquadra da polícia no bairro de Bunsucsso no Rio de Janeiro. Em seguida, 120 policiais fortemente armados invadiram a favela e mataram 13 moradores, sendo 4 deles menores de idade (Moon, sem data: 116). Além disso, em 2006, as mortes durante o policiamento chegaram a 40% no Rio de Janeiro.

Este tipo de funcionários policiais temerosos no Brasil pode ser comparado com os funcionários da polícia municipal formados na RSA pela polícia britânica em 1854. Esta foi substituída pelos serviços de polícia metropolitana de Durban, criados ao abrigo da Lei de Alteração SAPS n.º 83 de 1998, que permitia que os municípios se candidatassem à criação de uma polícia municipal (Louw, Shaw e Rauch, 2001: 2).

Estes agentes da polícia municipal eram conhecidos por espalharem conotações negativas para muitos cidadãos da RAS, o que foi dado em primeiro lugar para descrever os agentes mal treinados e frequentemente violentos. Dereymarker e

Muntingh (2013: 5) acrescentam que o governo do apartheid da RAS, "que foi constituído pelos coloniais", dependia da polícia, dos soldados e das prisões para manter a sua versão da lei e da ordem, a fim de manter o regime no poder através da supressão da ordem política. Estes acontecimentos sugeriam ainda que os nativos europeus tinham medo dos nativos africanos, razão pela qual a RAS foi descrita como um Estado policial antes de 1994, estando o método de policiamento estreitamente associado ao militar (Van Graan, 2005: 18).

A Amnistia Internacional (1992: 233-235) tem vindo a documentar e a denunciar as violações dos direitos humanos universais através da lei e da ordem no continente africano. Desde então, os nativos da RAS têm sido violados de forma desumana por outros nativos, o que ficou provado durante as mesas de discussão da Comissão para a Verdade e a Reconciliação[7] (TRC), criadas para tentar levar a RAS a falar sobre as questões da antiga era do apartheid, incluindo as sofridas sob custódia policial (Rauch, 2004: 1-6).

A polícia profissional foi destacada para os municípios na década de 1980 pelo governo do apartheid e é conhecida pelo elevado nível de utilização inadequada da violência (Louw, Shaw e Rauch, 2001: 4). Além disso, entre 1987 e 1988, 349 polícias municipais foram acusados de crimes graves, incluindo homicídio, roubo, agressão, furto e violação. As organizações policiais, como a SAPS, enfatizaram as prioridades na transformação dos serviços que inspiram confiança nas comunidades, produzindo a deseducação das práticas indesejadas e a reeducação do tipo de funcionários da polícia necessários e construindo a participação da comunidade (SAPS, 2014: 4).

Com o recrutamento de profissionais da polícia, olhando para a história do policiamento, os profissionais da polícia nunca ultrapassaram os civis. Também é evidente que os profissionais da polícia, como na RAS, experimentam dificuldades no combate a crimes como assaltos a casas e outros crimes violentos no país (Zinn, 2010:

---

[7] A Comissão da Verdade e Reconciliação é uma comissão criada para harmonizar as relações entre as famílias que sofreram com a anterior democracia.

27). Van Vuuren (2014: 2) afirma que a RAS é uma sociedade aberta, com uma comunicação social robusta e uma sociedade civil revitalizada, razão pela qual a incompetência, as violações e a falta de recursos para o policiamento são publicadas diariamente, pelo que os cidadãos têm confiado na autoajuda.

As actividades de policiamento não-estatal na RAS têm sido muito variadas, incluindo uma série de grupos e práticas díspares, desde empresas e seguranças privados a grupos de vigilância de bairros e gangues de vigilantes (Jenkins, 2013: 6). Além disso, estes grupos de policiamento não-estatal estão unidos por pontos comuns e origens de segurança e proteção que contornam a polícia governamental e defendem a autossuficiência, o que sugere um sinal de insatisfação com os serviços policiais estatais.

Capítulo 5

Transformação

De acordo com Van Graan (2005: 18), depois de a RAS se ter tornado um país democrático em 1994, o policiamento sofreu uma mudança radical em termos de transformação e democratização. As leis não eram democráticas e foram rejeitadas por muitas pessoas no país que tradicionalmente governavam o policiamento na RAS. Isto deveu-se ao facto de as leis de policiamento não terem sido concebidas para a segurança dos nativos africanos, mas sim para os colonos. Um sistema com mais de 300 anos de cultura não podia ser abandonado de um dia para o outro.

Tratava-se, evidentemente, de uma mudança dramática para os colonos, que consideravam ameaçador ceder o acesso a recursos valiosos a outros nativos de altas patentes, como no policiamento. As leis de policiamento democrático sugeriam liberdade para todos, o que era visto como uma ameaça para os colonos. Daí que muitos nativos europeus tenham emigrado da RAS para outros países, onde podiam viver melhor, livres e protegidos, como europeus nativos desse país. Isto deveu-se também ao facto de alguns dos nativos europeus estarem protegidos pelo estatuto de "Estado policial" antes de 1994 (Van Graan, 2005:20).

O SAPS sublinhou as prioridades de transformação dos serviços de policiamento que inspiram confiança nas comunidades, produzem a deseducação das práticas indesejadas, a "violação dos direitos humanos", por exemplo, e a reeducação do tipo de funcionários da polícia necessários para a construção da participação da comunidade (SAPS, 2014: 4). Isto sugere que os nativos africanos estavam a ter uma oportunidade de parceria com o sistema de policiamento da era colonial e do apartheid.

Não considerando o facto de que a maioria das famílias ainda está de luto pela perda dos seus familiares às mãos da polícia profissional e que se espera que esqueçam e sigam em frente, especialmente destacando vítimas como as descritas durante o TRC na história online da RSA (Undated, 10: 935). Algumas dessas prioridades eram principalmente a introdução do policiamento comunitário como forma de transformar as antigas formas de policiamento para o novo SAPS, através da criação de fóruns de policiamento comunitário com o objetivo de proporcionar uma oportunidade para o desenvolvimento de parcerias com a polícia para destacar as preocupações da comunidade (Newham, Masuku & Dlamini, 2006: 38).

No entanto, a transformação ainda não era visível devido a uma continuação forjada do sistema colonial. Assim, à natureza pré-alfabetizada dos nativos africanos foi desde então negada uma lei própria, mas deixada ao sabor de compromissos (Van Neikerk, 1995:10). A igualdade ainda não foi abordada e, até à data, têm surgido alegações de policiamento tendencioso não só na RAS, mas também noutros países como a Inglaterra e a América. Foi repetidamente argumentado que a maioria dos nativos africanos na RAS eram parados e revistados durante operações criminais, tal como noutros países mencionados.

Foi facilmente transmitida pelo facto de a RAS ter mais nativos africanos do que europeus por natureza (Newham, Masuku & Dlamini (2006: 39-40). Na América, os afro-americanos são menos do que os europeus. A maioria das leis e formas de policiamento na RAS são impostas por outros locais e não pelos nativos da RAS. Por exemplo, o policiamento comunitário foi também um modelo itinerante de outros países internacionais e não da RAS.

Desde 1980, as estratégias de prevenção e gestão da criminalidade na RAS e no mundo têm incluído a noção e a prática do policiamento comunitário (Pfigu, 2012: 12). Assim, sugere que, depois de 1994, as pessoas não tiveram a oportunidade de escolher como querem viver as suas vidas numa lei social e numa ordem independente, mas, em vez disso, prosseguiram com o sistema colonial.

Desde então, a Constituição[8] não abrangeu tudo e nunca poderá abranger todas as formas como os indivíduos desejam controlar a lei e a ordem nas suas comunidades. Isto deve-se ao facto de as comunidades da RSA serem constituídas por pessoas com

---

[8] A Constituição da República da África do Sul 108 de 1996 é a lei suprema do país.

deficiências e capacidades que as tornam desfavorecidas nas novas formas de o fazer, de se protegerem e de exprimirem as suas preocupações. Há muitas pessoas que não sabem ler nem escrever e que não dispõem de meios para se deslocarem às esquadras de polícia para apresentarem queixa, tal como exigido pelas antigas e novas leis de polícia.

Capítulo 6
Era democrática

Desde 1994, a legislação para estabelecer um serviço nacional de polícia foi então erigida ao abrigo da nova lei suprema da RSA, a Constituição, capítulo II, e secção 205. A legislação prevê que a segurança e a proteção devem ser uma responsabilidade partilhada entre a polícia e a comunidade (Van der Spuy & Rontsch, 2008: 52). No entanto, o novo governo herdou um aparelho de aplicação da lei para o qual os valores da Constituição provisória e as normas internacionais de direitos humanos eram estranhos, especialmente no SAP (Dereymaeker & Muntingh, 2013: 5).

Analisando a RAS desde o fim do regime do apartheid, após 1994, e a elaboração dos artigos 7 a 39 da nova Constituição, Ritchie e Ansell (2006: 15) afirmam que houve um reconhecimento limitado de certos aspectos do direito consuetudinário (que é o direito tradicional africano), particularmente no que diz respeito a casamentos familiares, questões interactivas e de chefia. No entanto, o processo de tornar as leis consuetudinárias mais coerentes com a constituição e, em particular, com os valores subjacentes à declaração de direitos.

Diz-se que as leis consuetudinárias são leis desenvolvidas por muitas comunidades tradicionais e que foram, na sua maioria, registadas por missionários ou colonizadores que consultaram a sua própria seleção de anciãos, interpretaram e formalizaram o que lhes foi dito, a compreensão social e o que queriam que fosse a situação (Ritchie & Ansell, 2006: 14). De acordo com Van der Spuy (2005:3), a reforma do SAP após 1990 não foi, de forma alguma, um desenvolvimento puramente autóctone, tendo sido inspirada fora do país.

[9]Diz-se que o domínio da lei ocidental remonta à época em que a lei romano-holandesa foi sobreposta aos sistemas jurídicos indígenas da África Austral (Van

---

[9] As leis ocidentais referem-se a lugares situados a oeste de África, de acordo com o mapa global. Trata-se das Américas.

Niekerk, 1995: 3). Isto sugere que nada mudou na vida dos nativos da RAS, porque as novas leis promulgadas continuaram a ser adoptadas ou externalizadas por outros nativos sobre a forma de manter a lei e a ordem na sua sociedade. Mesmo com muitos anos de democracia na RAS, a polícia e os serviços prisionais continuam a ter direitos humanos extremamente fracos, com testemunhos amplamente publicados (Dereymarker & Muntingh, 2013: 5).

Evidentemente, os cidadãos da RAS, que não estão interessados em ser policiados pelo sistema colonial, continuarão a não se sentir livres, mas oprimidos, para viver no passado na era atual.

Capítulo 7
Formação das legislações policiais e da profissão

De onde vieram as regras para manter a lei e a ordem? As regras vêm de muitos sítios. As pessoas de um determinado país não formaram um país de um dia para o outro, começaram como famílias, clãs e grandes grupos de comunidades para formarem um país. Cada um deles era e continua a ser diferente até à data, com diferentes origens culturais, o que criou uma diversidade nas características dos indivíduos. O controlo do policiamento das famílias, dos clãs e das comunidades foi sempre uma questão muito pessoal de cada família.

Toda a gente considera a sua segurança importante e é naturalmente muito difícil confiar noutro indivíduo para ser responsável pela segurança da sua família. É por isso que as famílias têm as suas próprias leis de policiamento, que se aplicam às suas famílias e não às famílias de outras pessoas. O policiamento era e continua a ser uma prática natural em todos os lares, numa base diária.

Os pais, os familiares e todos os encarregados de educação que possam pagar, constroem casas pequenas ou grandes para as suas famílias. As casas reduzem a vulnerabilidade a todo o tipo de crimes que poderiam ocorrer se a família não estivesse numa casa segura. As famílias chegam mesmo a erguer todo o tipo de vedações e a construir muros para impedir ou minimizar a entrada e controlar o acesso à sua casa ou território. As famílias impõem restrições aos seus familiares sobre os locais onde devem ou não devem ir, familiarizando-se com quem são os seus amigos familiares e onde procurar os seus entes queridos quando estes não podem ser encontrados nos seus locais habituais de encontro.

Quando ocorrem incidentes como brigas e agressões entre colegas, os encarregados de educação vão até ao limite para determinar o que aconteceu aos seus entes queridos. Tomando como exemplo os incidentes ocorridos na escola, os pais costumam perguntar aos filhos o que aconteceu e dirigem-se à família envolvida para discutir o assunto, independentemente do resultado. Outras famílias recorrem ao método de "vingança, se for caso disso".

Isto aplica-se igualmente a todos os tipos de crimes cometidos, tais como violação, homicídio, danos materiais, etc. As famílias tinham o seu método de policiamento familiar, fazendo justiça aos seus entes queridos. Isto incluiria o roubo de gado ou de bens. As punições eram justificadas, as medidas correctivas eram discutidas e chegava-se a uma solução se houvesse acordo mútuo.

A diversidade é, desde então, natural e não há dúvida de que a espécie humana toma consciência, à medida que envelhece ou é ensinada, de que há diferenças na vida, nas pessoas e nas personagens que se espera que sejam aceites ou ignoradas e inaceitáveis. Através da migração, a diversidade não foi totalmente aceite e, em vez disso, a dominação de uns sobre os outros tomou conta da história, incluindo o policiamento. No entanto, as leis das famílias foram ultrapassadas ou suplantadas pelo domínio das leis de outros povos sobre os outros.

As legislações sobre policiamento no seio das famílias nativas africanas não estavam todas documentadas. No entanto, os nativos europeus trouxeram consigo as suas tradições para a RAS, incluindo o policiamento profissional. A história confirma que a profissão de polícia atual foi fortemente influenciada pelos sistemas dos nativos europeus ao longo da história, alguns dos quais são bem conhecidos por derivarem da polícia metropolitana de Londres em 1829 (Monkkonen, 1992: 549).

A nível mundial, diz-se que o policiamento profissional foi criado por várias razões. A história diz-nos que o policiamento moderno foi estabelecido para defender e fazer cumprir leis específicas, investigar infracções criminais sobre o que é considerado ilegal pelos legisladores de um país específico, patrulhar, aconselhar, manter a ordem, guardar, aconselhar jovens e regular o tráfego, dependendo das leis do país (Bayley, 1979: 111-112). As especificações aqui delineadas encontram-se em todos os lares, dependendo da natureza da disciplina dos tutores.

De acordo com Monkkenen (1992: 553), alguns historiadores argumentaram que a polícia foi criada em resposta ao aumento da criminalidade, mas há poucas provas empíricas que sustentem esta tese, uma vez que a maioria dos cientistas sociais assume atualmente que as tendências a longo prazo das taxas de criminalidade têm sido descendentes, pelo que a criação de forças policiais teria uma pequena forma de detetar o aumento da criminalidade.

Na América, por exemplo, a forma mais antiga de policiamento foi a das patrulhas de escravos das plantações, a que se chamou "o primeiro sistema policial distintamente americano", cuja escravatura também se dizia ser regulada através do policiamento por meio de patrulhas de escravos criadas para fazer cumprir os infames códigos de escravos, o primeiro dos quais foi promulgado pela legislatura da Carolina do Sul em 1712 (desconhecido, 2001:144). No entanto, a dada altura, durante a depressão dos anos 30 da história americana, pouco foi feito no domínio da inteligência policial, tendo sido dada prioridade às ameaças ao país, que eram a economia e não a criminalidade (Carter, 2009: 31).

Williams e Murphy (1990: 2) afirmam que a profissão de polícia foi desenvolvida por amplas forças sociais como um poderoso condicionamento e atitudes, incluindo uma longa história de racismo. Manz (2008:10) confirma este facto citando o exemplo de países como a Guatemala[10] , onde os civis estão tão assustados e ameaçados pela chamada máfia empresarial, que consiste numa aliança entre sectores tradicionais, empresários e agentes policiais corruptos, militares e criminosos comuns que conspiram para controlar indústrias ilegais lucrativas.

Algumas das leis de policiamento limitavam os estilos de vida das comunidades, cuja grande maioria das actividades da floresta dependia das comunidades, citando especificamente as leis indonésias, que a tornam tecnicamente ilegal nos termos da lei florestal, da lei da vida selvagem e da lei das áreas protegidas (Colchester, 2006: 38). Potter (2014:1) acrescenta que algumas das razões se prendiam com objectivos informais e comunais, a que se chamou "Watch", ou com o policiamento privado com fins lucrativos, a que se chamou "The Big Stick".

---

[10] Um lugar situado no oeste de África, de acordo com o mapa global das Américas.

Apesar de ser indicado que os homens da "Watch" estavam a desempenhar funções como forma de punição pela fuga ao serviço militar, no entanto, o dever era alertar para o perigo iminente. Entre os anos de 1636, em locais como Boston, nos Estados Unidos da América, Nova Iorque em 1658 e Filadélfia em 1700, não foi eficaz e foi relatado que muitas vezes dormiam bêbados (Potter, 2014:2).

Olhando para a profissão policial mais antiga no continente africano, a Tanzânia parece ter sido também um dos países com o registo mais antigo de profissão policial influenciada pelos nativos europeus a partir da década de 1880. Entre 1886 e 1919, a Tanzânia continental - então conhecida como Tanganica - era uma colónia alemã[11] controlada de facto pela German East Africa Trading Company. Durante este período, o exército e os paramilitares foram utilizados para manter a lei e a ordem e proteger a administração colonial.

A rede existente de autoridades distritais e de aldeia foi deixada a policiar a população indígena (Van der Spuy e Rontsch, 2008:58). É evidente que ambos os indígenas não falavam a mesma língua, pelo que o policiamento de comunidades que não conseguem compreender o que se espera delas deve ter sido muito difícil. A mensagem poderia ter sido mal interpretada em todos os momentos.

Quer se tratasse de uma comunicação em papel, é evidente que não era possível uma compreensão imediata nessa altura. É também evidente que os nativos africanos foram forçados a compreender o que os colonos queriam, mas os africanos não forçaram ou invadiram os colonos a viver de acordo com as suas tradições, mas sim o contrário, em termos de lei e ordem social. Os colonos impuseram, forçaram para que tais acontecimentos fossem vistos e agissem à sua maneira.

No entanto, a história do policiamento na RAS tem uma história diferente. Foi formulado por colonos, num país estrangeiro, para ser forçado, implementado e adaptado por diferentes nativos, que neste caso eram africanos. De acordo com Young

---

[11] Um alemão é um europeu originário de um lugar chamado Alemanha, situado no continente europeu.

(2007: 10), a SAPF[12] foi oficialmente formada durante a era colonial, a 1 de abril de 1913, a partir do corpo de polícia profissional[13] das várias províncias. Muller (2016:1-30) descreve a existência da polícia profissional em torno da RAS, tal como a conhecemos atualmente, antes de 1913.

A SAPF continuou a ser a força policial nacional na RAS de 1913 a 1994, até à promulgação da Lei SAPS 68 de 1995 (ENongqai, 2014: 1-117). Isto sugere que a SAPF esteve em vigor durante quase 100 anos na RAS. A extensão das raízes da SAPF só pode ser imaginada pela força da instituição e pela dificuldade de a enfrentar ou de esperar que os africanos nativos da RAS esquecessem este tipo de sistema de policiamento.

Registos que remontam a 1938 traçam as origens da SAPF a partir da Burgher Watch, também conhecida como Burgher Ward masters, que foi influenciada pelos britânicos. Assim, os membros actuais do SAPF foram anteriormente nomeados como Ward masters por volta de 1790. De acordo com a literatura, a polícia não era nacionalizada como atualmente. Cada região ou província, como é conhecida atualmente, tinha um departamento de polícia até à criação do SAP em 1913 (ENongqai, 2014: 1117).

Muller (2016: 1-30) articula os redutos em torno das províncias da RAS atualmente dominadas desde finais de 1800. Isto sugere que a criação da SAPF consistiu em polícias profissionais que foram recrutados, ao abrigo de uma legislação específica, para policiar as comunidades da RAS por razões específicas. A literatura sugere que os nativos africanos não fizeram parte da formulação do policiamento profissional na RAS.

Embora se mencione que houve colaborações com os nativos africanos. No entanto, a literatura informa-nos que a SAPF era tão dominante que chegou a ser

---

[12] A Força Policial da África do Sul é a instituição profissional de polícia nacionalizada anterior ao atual SAPS.

[13] Corpo é outro termo para um grupo específico que, neste caso, se refere ao SAPF.

utilizada em países como o Zimbabué antes do ano de 1980, a polícia britânica da África do Sul era utilizada como instrumento de opressão e as leis que eram aplicadas eram brutais e opressivas para a sociedade (Makwerere, Chinzete, & Mosorowegomo, 2012:130).

O domínio mesmo noutros países vizinhos sugere que os nativos africanos na RAS devem ter-se sentido invadidos e houve possíveis retaliações. Embora se mencione que o policiamento comunitário não era um conceito novo, originário de locais como o Reino Unido, na Europa, mas sim um conceito nativo africano, em que se consultava a polícia. Diz-se que ocorreu de uma forma que, "*o chefe nativo africano, envia representantes de uma aldeia, para consultar a polícia por volta do ano 1600*" (Buys, 2007: 411).

Alguns investigadores sugeriram que o movimento em direção à profissionalização da polícia, resultou na separação da polícia da comunidade. Isto sugere que o jogo de poder já existia em ambas as partes, pelo que a dominação era inevitável (Bureau of Justice Assistance, 1994:5). Não é claro como é que a colaboração com a polícia profissional teria funcionado se houvesse tantos relatórios sobre a violação dos direitos humanos fundamentais universais por parte dos colonos dirigidos aos nativos africanos e vice-versa.

A colaboração com o SAPF foi vista como espionagem por outros nativos africanos, uma vez que constituía uma violação da confiança entre famílias, clãs e comunidades para conspirar com os colonizadores. A história diz-nos que houve colaboração, mas também menciona que as leis consuetudinárias são leis desenvolvidas por muitas comunidades tradicionais e foram registadas principalmente por missionários ou colonizadores que consultaram a sua própria seleção de anciãos, interpretaram e formalizaram o que lhes foi dito, o entendimento social e o que queriam que fosse a situação (Ritchie e Ansell, 2006: 14). Não é exato que os missionários ou colonos tenham interpretado a informação correcta e a tenham registado em todas as ocasiões.

Os nativos africanos tinham a sua própria lei e ordem social que foi evidente e lentamente ultrapassada pela dos colonos, o que explica as consultas à polícia profissional. Isto também sugere que os nativos africanos eram obrigados a consultar os coloniais para chegarem a um consenso sobre questões de policiamento na sua área. É possível que os nativos africanos não dispusessem de recursos policiais tão avançados em termos do policiamento profissional colonial.

É também indicado que o policiamento comunitário entre os anos 1948 e 1980 não abrangia todas as comunidades de nativos africanos, mas sim as de nativos europeus (Buys, 2007: 412). Pode perceber-se que os nativos africanos poderiam ter cedido à dominação para sobreviver ou por uma questão de paz. Sugere-se também que nem todos poderiam ter cedido à dominação, razão pela qual há registos de distúrbios políticos e civis na RAS.

Olhando para o policiamento numa perspetiva indígena, o policiamento era um dever que os anciãos ou os membros das famílias eram obrigados a cumprir e não exigia compensação. Sugere-se que se tratava de uma ação honrosa. Proteger a vida humana ou a propriedade de alguém não era visto como um dever pelo qual se pudesse ser pago, porque era considerado de valor inestimável. As provas sugerem que o policiamento profissional era motivado por recompensas, havia salários e patentes que motivavam um polícia profissional a querer impressionar os superiores e a obter uma promoção através da execução de tarefas policiais específicas ao abrigo de uma legislação específica.

Independentemente da dinâmica social, o policiamento sempre foi vital. Mbazira (2009: 24) sublinhou a importância da política civil e política destinada a criar um ambiente em que os indivíduos floresçam e decidam como querem viver, não para isolar o indivíduo da sociedade, porque esse ambiente só pode ser criado através do esforço coletivo. A segurança é uma das necessidades do ser humano, sem a qual não pode viver. Por conseguinte, o policiamento existe desde a evolução.

É evidente que a profissão de polícia foi criada por seres humanos para ser implementada entre outros seres humanos. A definição de polícia de Sallai (2012: 5) significa *"todas as autoridades e agentes da lei responsáveis por promover o bem-*

estar, manter a ordem e a segurança públicas e prevenir as ameaças a estas, mesmo que estas provenham da ação ou omissão humana ou de elementos da natureza, implementar os regulamentos estabelecidos e locais, bem como mantê-los, além de investigar os autores de crimes e delitos e apreendê-los e enviá-los ao tribunal".

A comunidade é constituída por um grupo de seres humanos criado a partir de uma família e de clãs não aparentados, que vivem num local específico de um país específico. Para além da formulação das legislações policiais, a formação da profissão de polícia exigiu o recrutamento de seres humanos para desempenharem as funções policiais legisladas nesse país específico.

Kelling e Moore (1988: 3) dizem-nos que os funcionários profissionais da polícia eram frequentemente recrutados a partir do mesmo grupo étnico que os grupos políticos dominantes e nas localidades e continuavam a viver no bairro que patrulhavam. Tal como indicado anteriormente, os seres humanos provêm de diversos contextos culturais, de um clã específico, de uma comunidade e, eventualmente, de um país. Os profissionais da polícia, oriundos dessas origens culturais diversas, são então incumbidos de policiar a comunidade dessas origens.

Em seguida, uma pessoa com interesse em aderir a uma instituição policial profissional constituída para manter a lei e a ordem por razões específicas. Assim, é então obrigado a cumprir as leis e as ordens estabelecidas para um objetivo específico de policiamento num país específico quando em serviço. Durante o policiamento, os polícias profissionais eram obrigados a cumprir uma ordem e era muito difícil recusar uma ordem, embora fossem também seres humanos.

Finnane (1999: 2) afirma que, uma vez que a profissão policial foi profissionalizada, isso não significa que os profissionais da polícia também não tenham direitos de expressar as suas opiniões como cidadãos individuais, mas apenas que não lhes é permitido exercê-los na profissão policial, tal como questionar o sistema e as ordens permanentes. Isto sugere que se espera que os profissionais da polícia se conformem e obedeçam às ordens sem as questionar, uma vez que não são treinados para desafiar o sistema ou apresentar iniciativas próprias (Mofomme, 2001: 9).

Esta situação colocou os profissionais da polícia a viver e a manter dois estilos de vida diferentes, o da sua natureza nativa e o da profissão de polícia, tal como legislado por organismos específicos. Percebeu-se que a relação de intimidade do oficial de polícia com a comunidade também colocou a polícia vulnerável ao suborno em troca (Kelling e Moore, 1988:3). Em casa, esperava-se que os profissionais da polícia continuassem a fazer parte de uma família, clã e comunidade. No trabalho, esperava-se que cumprisse as leis e ordens policiais do seu clã e da sua comunidade.

Espera-se que os profissionais da polícia regressem à comunidade e enfrentem os pais ou familiares das pessoas que prenderam por esse crime específico. A comunidade, quando vê os profissionais da polícia a viverem dois estilos de vida, um vantajoso e outro desvantajoso para a comunidade, deve ter começado a ver os profissionais da polícia sob diferentes perspectivas.

As perspectivas eram boas ou más, dependendo das especificações das funções de policiamento. Os profissionais da polícia que perseguiam criminosos e infractores para fins de justiça para as famílias eram vistos como heróis. Aos olhos dos escravizados, os profissionais da polícia eram vistos como tiradores da liberdade. Para os oprimidos e brutalmente tratados por organismos específicos que utilizam a profissão de polícia, a polícia humana será vista como um inimigo.

Embora seja evidente que a profissão de polícia foi criada, permaneceu dominante ao longo dos anos e veio para ficar, há provas de que nunca ultrapassou e nunca ultrapassará o número de civis na RSA. No que respeita ao recrutamento de profissionais da polícia, olhando para a história do policiamento, os profissionais da polícia nunca ultrapassaram o número de civis. O facto de as legislações policiais e a profissão terem bloqueado ou limitado os plenos poderes de policiamento do público em geral, como as famílias, os clãs e as comunidades, condenou a polícia a ser criticada por questões de prestação de serviços desde a sua criação em 1913.

A legislação policial foi legislada por nativos europeus e afectou negativamente a maioria dos nativos africanos na RAS. Os profissionais da polícia eram motivados por meios de execução das tarefas. Sempre foi, e sempre será, geralmente, um microscópio sobre a prestação de serviços, que é limitada pelos recursos, tais como um número de profissionais da polícia, esquadras de polícia, veículos ou meios de transporte para servir todas as comunidades.

O UNODCP[14] (2002: 10) indicou que a RAS tem uma variedade de leis que regem e cobrem adequadamente as contramedidas de aplicação da lei, os procedimentos criminais e as medidas de prevenção e tratamento do país (UNODCP, 2002: 10). No entanto, o estado do policiamento na RAS até à data tem sido criticado diariamente.

O policiamento não só sobreviveu como profissão, como também nunca deixou de ser uma nobreza incutida por todos os seres humanos. O policiamento voluntário nunca deixou de ser praticado. Coexistiu com o policiamento moderno, pelo que o sentido de orgulho não se perdeu de todo. No entanto, no decurso da história, alguns indivíduos decidiram formalizar a profissão de polícia, tornando-a um dever remunerado de proteger e servir comunidades e empresas, promovendo o racismo, a escravatura e a opressão de outros seres humanos. Estas leis afectaram o policiamento voluntário, uma vez que se esperava que a sua aplicação fosse feita de acordo com as leis estabelecidas.

Os cidadãos comuns e as empresas privadas também recorreram a guardas de segurança privados para desempenharem algumas das funções de policiamento, como a prevenção da criminalidade em propriedades privadas, empresas e casas particulares. Mesmo com um guarda de segurança privado contratado para este tipo de serviços, isso não significa que um guarda de segurança não tenha os devidos cuidados com essa família ou empresa privada e que ocorram violações da segurança.

O policiamento voluntário no seio das comunidades ainda existe no policiamento atual. A sociedade humana dos nossos dias ainda tem fóruns de polícia

---

[14] Gabinete das Nações Unidas para a Droga, o Controlo e a Prevenção da Criminalidade

comunitária, o que mostra que os costumes antigos ou os costumes dos habitantes das cavernas ainda são praticados. Isto sugere que a proteção e a segurança dos seres humanos serão sempre uma prioridade em todos os clãs, comunidades, províncias, países e a nível mundial.

Existem ainda vigilantes comunitários, funcionários públicos voluntários chamados "reservistas da polícia". No entanto, os reservistas da polícia que se alistam, mesmo por um período mínimo de tempo, para fazer parte da polícia e executar as ordens permanentes, embora sejam vistos como estando envolvidos noutras actividades criminosas (Van der Spuy & Rontsch, 2008: 13).

Na RSA existem diferentes razões para aderir e tornar-se reservista da polícia. A maioria das pessoas alista-se na reserva da polícia por diferentes razões, algumas das quais são oportunidades de emprego nos serviços policiais. A maior parte das pessoas, depois de ter adquirido um diploma do ensino secundário sob a forma de certificado, em conformidade com a legislação em matéria de educação adoptada pelo país. Uma carta de condução e a manutenção de uma boa força física, partem do princípio de que as hipóteses de serem recrutados numa base permanente como agentes da polícia são elevadas e mais favoráveis.

Os que se alistam na reserva da polícia também se enquadram na categoria acima indicada e, na sua maioria, não têm carta de condução e esperam adquiri-la e aumentar as hipóteses de serem recrutados para formação e, em última análise, para a profissão de polícia. Os outros juntam-se à reserva por paixão pelo serviço comunitário.

Capítulo 8
Relações da polícia com a comunidade

O facto é que a legislação dos profissionais de policiamento da RAS foi formulada a favor dos colonos. Foi redigida em inglês e africâner, que não eram as línguas nativas africanas, porque os nativos africanos não eram o povo que escrevia. A sua vasta sabedoria era transportada por indivíduos e os ensinamentos entre as famílias consistiam em transmitir de geração em geração os conhecimentos estabelecidos para as famílias, os clãs e as comunidades.

O policiamento dos nativos africanos destinava-se à proteção das famílias contra o desconhecido do seu território, do seu modo de vida e das ameaças à sua vida. O mesmo se aplica aos colonos, razão pela qual obtiveram mais vantagens devido à disponibilidade de recursos e ao apoio dos seus nativos na Europa. Um modo de vida escrito no papel, formulando uma legislação, era de extrema importância para os colonos. Por isso, era vital que os colonos mantivessem registos dos nativos para fins estatísticos na sua própria terra.

A sua missão era policiar os nativos africanos para que os "colonos" estivessem sempre a par das informações recolhidas. Esta era uma forma de se protegerem dos nativos africanos, pelo que a RAS era conhecida por ser um estado policial. A maioria dos nativos africanos sabia e compreendia que devia ser capaz de se identificar quando se encontrava com os profissionais da polícia. Se alguém não tivesse documentos de identificação, era um problema sério.

A história sugere que a ideia de documentar e traçar o perfil dos nativos africanos foi um meio de os colonos se satisfazerem, identificando-os de uma forma que os colonos pudessem compreender e ainda utilizar a informação para controlar os movimentos, tais como de onde vêm e para onde vão e onde devem estar, etc. Isto porque nem todos os nativos africanos faziam o mesmo aos colonos, exceto esforçarem-se por manter os colonos fora das suas vidas.

Sugere-se que os colonos sentiam a necessidade de dominar os nativos africanos e isso foi conseguido recorrendo mesmo ao nobre dever de "policiamento" destinado a proteger e servir famílias, clãs e comunidades. As violações dos direitos humanos podem agravar os piores comportamentos de um ser humano. Só podemos imaginar como um ser humano se sentiu e reagiu quando foi detido por um profissional da polícia durante o policiamento nas eras colonial e do apartheid na RAS.

Questões como as barreiras linguísticas surgem quando se trata de policiamento durante a era colonial. O suspeito compreendeu o que o profissional da polícia estava a tentar dizer? Será que o profissional da polícia compreendeu o que o suspeito estava a tentar dizer em resposta? Isto deve-se ao facto de os nativos africanos não conhecerem a língua dos colonizadores até haver a obrigação de a aprenderem, dadas as circunstâncias. Assim, o recrutamento de profissionais da polícia nativos africanos era vital e também os nativos europeus nunca ultrapassaram os nativos africanos nas estatísticas da RAS. Era necessária mão de obra.

No entanto, não é claro como é que os profissionais da polícia lidavam com os indivíduos que não falam, não ouvem ou que têm capacidades diferentes durante as interacções policiais antes do recrutamento dos profissionais da polícia nativos africanos. O contacto dos civis com os profissionais da polícia tem sido registado de forma negativa ao longo da história. Isto deve-se ao facto de a profissão de polícia ter intervindo nas leis de policiamento da família, do clã e da comunidade dos nativos africanos na RAS. Isto pode ser entendido como uma grande violação dos direitos humanos universais nesta altura.

A forma colonial de policiamento ultrapassou a dos nativos africanos com o tempo. O recrutamento de outros nativos, incluindo os profissionais da polícia dos nativos africanos, foi realizado e a profissão de polícia foi adoptada desde então para servir todos, mas os recursos não são adequados. O recrutamento de nativos africanos para os quadros da polícia remunerada não podia deixar de dividir as comunidades. O profissional da polícia recrutado seria visto como um espião das suas comunidades ou temido. Depois, para o profissional recrutado, isso significaria que as suas normas e padrões estariam em contradição com os que o recrutador tinha delineado para implementação.

Em seguida, foram construídas instalações como esquadras de polícia, que não permitiam cobrir as vastas regiões da RAS. Os colonos estavam espalhados por toda a RAS e a maior parte das regiões necessitava de policiamento profissional, uma vez que, alegadamente, tinha sido inicialmente criado pelos seus nativos para proteger e servir os seus interesses. Esta situação obrigava a que o serviço continuasse a ser prestado a todos os colonos espalhados pelo país. A história sugere que os coloniais receberam mais serviços profissionais do que os nativos africanos. As provas podem ser testemunhadas até à data. Existem mais esquadras de polícia na RAS, principalmente em locais onde os colonos precisavam de controlar o acesso às suas comunidades.

Sugere-se que os profissionais da polícia até à data prestem um serviço adequado às famílias, clãs e comunidades num padrão específico. Na maior parte dos casos, diz-se que o serviço é discriminatório e não é implementado da mesma forma.

Os colonos forçaram a nacionalização da polícia, apesar de ser evidente que os recursos seriam definitivamente inadequados. Assim, deixa um rasto de provas práticas que sugerem que a prestação de serviços não servia todas as comunidades, com base no facto de a RAS ser geograficamente constituída por grandes áreas semi e rurais. As zonas periurbanas e urbanas não são muito grandes em comparação com as rurais. Cerca de 5 a 15 comunidades nas zonas rurais partilhariam uma esquadra de polícia, com uma média de vinte viaturas.

Automaticamente, este facto constitui uma desvantagem para as comunidades um pouco mais distantes do que as comunidades que rodeiam a esquadra de polícia, uma vez que não terão um serviço uniformizado. As comunidades vão definitivamente recorrer a não confiar nos profissionais da polícia, mas praticar o que é melhor para as suas famílias, clãs e comunidades, o que explica a prática de justiça popular, motins e protestos.

A falta de recursos, como indicado acima, está alinhada com a escassez de recursos humanos, como a polícia, para atender às queixas, investigar e atender os clientes que entram nas esquadras. A indisponibilidade de uma esquadra de polícia nas proximidades para prestar um serviço eficaz à comunidade sugere que a situação resultará em frustrações e na tomada de decisões pelas suas próprias mãos.

Quando a situação já chegou a esta fase, é muito provável que a vítima se transforme em agressor e vice-versa. Normalmente, em casos como este, quando os profissionais da polícia chegam ao local do crime, a atenção é dada à vítima. Em seguida, a comunidade é obrigada a prestar declarações sobre os acontecimentos do crime, as duas histórias colidem e gera-se um conflito quando se dá mais atenção à vítima da justiça popular do que à vítima inicial. Aos olhos da comunidade, a discriminação já está formulada. Isto sugere que as investigações dos casos também não foram eficazes devido à falta de capacidade.

A história também abrange a brutalidade que foi executada em nome da profissão de polícia e as provas podem ser testemunhadas através de relatórios da Amnistia Internacional, dos meios de comunicação social e de observações da vida quotidiana na RAS. Desde então, as estruturas de policiamento da era colonial, do apartheid e da era democrática não foram totalmente diferentes devido à continuação do método de policiamento na RAS.

O sistema de policiamento atual, as instalações como as esquadras de polícia, o recrutamento de profissionais da polícia e os serviços continuam a ser um lembrete e uma prova viva dos factores que contribuem para o desgaste da relação entre a polícia e a comunidade. Quando se diz às famílias ou à comunidade que podem obter um serviço, mas que os recursos são inadequados, isso parece pôr em causa os direitos universais dos seres humanos no seio dessa comunidade específica. Perguntas como: porque é que as pessoas são obrigadas a seguir um método que não serve para a sua subsistência, segurança e proteção? Não é lógico para todos.

Ser obrigado a abandonar a família nativa ou os métodos de policiamento comunitário em favor do policiamento moderno faz com que as outras pessoas se sintam desconfortáveis e fora do controlo da segurança das suas vidas, o que pode ser muito frustrante. Isto alimenta a desconfiança em relação aos profissionais da polícia e dá a perceção de que os profissionais da polícia são incompetentes para prestar o serviço previsto na legislação. Independentemente do bem feito pela polícia profissional, esta pode, de facto, não prestar um serviço satisfatório ao público em geral na RAS devido à falta de recursos para prestar o serviço esperado.

Capítulo 9
Consequências

Invasão hostil

O início da era colonial sugere uma invasão, porque a imigração do povo bantu para a RAS não resultou em desigualdade, mas numa resolução no final, como a história sugere. No entanto, a imigração dos europeus sugere que havia questões por resolver e uma hostilidade constante devido à migração mencionada de alguns dos africanos nativos para os países vizinhos mencionados até à data.

Benefícios financeiros para os líderes das comunidades nativas africanas

Os líderes comunitários e tradicionais estavam agora a receber remunerações do governo por serem líderes nas suas comunidades, constituindo assim um "emprego formal com benefícios" por cuidarem das suas comunidades. O que substituiu o modo de vida em que os líderes recebiam presentes das comunidades sem obrigações, mas não numa base voluntária. A remuneração encoraja os indivíduos a atuar de uma determinada forma, especialmente se não foi ganha, mas paga pela sua existência.

Assim, o colonialismo tem margem de manobra para proceder de tal forma que os nativos africanos são encorajados a comunicar com os membros da sua comunidade, uma vez que são vistos como um ser influente nas suas comunidades. Isto dá margem de manobra a actividades criminosas nas comunidades de outras pessoas a quem é negado um modo de vida de policiamento tradicional. Para alguns líderes comunitários e tradicionais, perder benefícios financeiros é melhor do que fazer as coisas à maneira dos colonos.

Assim, explicar-se-á a razão de alguma retaliação das comunidades na RAS sobre questões de prestação de serviços relacionadas com o policiamento, dando o exemplo de suspeitos de crimes sobre casos de crianças desaparecidas, assassínios e assaltos a casas. Isto acontece quando os membros das comunidades identificam e apresentam queixa à polícia para que esta prenda os suspeitos e tal não acontece. Nesse caso, os membros da comunidade recorrem à justiça popular porque sentem que as suas opiniões não são ouvidas nem levadas a sério. É nesta altura que a comunidade e o líder tradicional são obrigados a comunicar com a comunidade. A maior parte das vezes, a comunidade retalia e indica que *"vocês são iguais a eles"*, estão *do lado deles e não do nosso, por isso, porque é que havemos de vos dar ouvidos"*.

Imposição de legislações

Os nativos africanos não sabiam ler ou escrever à maneira dos nativos europeus. Este facto contribuiu para a dominação na implementação de regras de acordo com a forma dos nativos europeus e não com a forma dos nativos africanos da RAS. A legislação trouxe consigo um processo justo de sistema de justiça criminal, no entanto, as leis foram criadas com falta de colaboração e inconsistência na implementação, o que levou à desigualdade e à violação dos direitos humanos até à data.

A retaliação para cimentar a relação entre a polícia e a comunidade é uma consequência da formação da legislação que está continuamente a ser evocada, uma vez que não houve consulta e colaboração nas leis indígenas de outros nativos africanos. A história da formação da profissão de polícia e da implementação de leis que violaram os direitos de outros nativos africanos resultou em implicações que prejudicaram a integridade, a reputação e a confiança da profissão até à data. A autossuficiência, como nos velhos tempos, é um sinal de que o sistema não está a funcionar para outras comunidades devido à falta de recursos no policiamento profissionalizado.

A história também nos diz que o domínio dos nativos europeus na formulação das legislações policiais também foi usado para escravizar e oprimir outros clãs nativos africanos de diferentes origens culturais durante centenas de anos. A formação das legislações da profissão de polícia foi vista como protegendo, por vezes, os infractores e não as comunidades. Noutras ocasiões, parece ter havido alguns atrasos na prestação de assistência, encerramento e resultados frutíferos para as famílias das comunidades. A dada altura da história, foi dito que as famílias dependiam da polícia para ajudar a perseguir os infractores e encerrar o assunto para a vítima (Beckley, sem data: 35). Assim, a relação foi influenciada de alguma forma por bons e maus momentos ao longo da história. A profissão de polícia remunerada era e continua a ser limitada em termos de recrutamento e de recursos, enquanto o crescimento da população é contínuo. Este facto deixa os civis vulneráveis porque nem todos podem receber os serviços de policiamento modernos. A falta de recursos e de conhecimentos pode sugerir uma falta de empenhamento na profissão de polícia legislada, no sentido de policiar a comunidade para garantir a segurança de todos.

Espera-se que a criação de fóruns comunitários para reforçar a capacidade de policiamento em prol da segurança e proteção de todos funcione de acordo com as legislações policiais modernas. A profissão de polícia legislada ainda está, de alguma forma, a lutar para defender os direitos humanos universais durante o policiamento.

Impor a adoção da profissão de polícia

A profissão foi desenvolvida com base num dever nobre. Em vez disso, foi utilizada com o objetivo de nos controlarmos uns aos outros. Era utilizada como um castigo. A formulação não beneficiou todos os nativos, referindo-se especificamente aos nativos africanos. Na RAS, a profissão de polícia foi utilizada para oprimir os outros nativos africanos e impor ordens desumanas ou ilegais, em violação dos direitos humanos universais. Trouxe a tortura, o assassínio, o racismo, a escravatura e a criminalidade no âmbito das suas operações e, acima de tudo, trouxe paz e harmonia à maioria das comunidades. No entanto, os recursos humanos eram e continuam a ser ultrapassados em número por todos os nativos africanos.

Uma vez que o policiamento moderno foi adotado globalmente, é evidente que as possibilidades de reparar a relação devem ter em conta o reconhecimento da história do policiamento e o caminho atual. O policiamento moderno tem vantagens e desvantagens para a relação entre a polícia e a comunidade, com especial incidência nas eras da RSA. O policiamento nas estruturas das eras colonial, do apartheid e democrática vai e volta, o que sugere que as eras do colonialismo e do apartheid ainda continuam vagamente na era democrática.

A falta de instalações e de recursos humanos tem existido desde então na profissão de polícia, no entanto, a tecnologia que veio com a profissão de polícia moderna tem ajudado e continua a ajudar a documentar os infractores e a fazer justiça às vítimas e às famílias. No entanto, a secção 11 da Lei da Administração dos Negros de 1927 (África do Sul) foi revogada em 1986 e reeditada como S 54A (1) da Lei dos Tribunais de Magistrados de 1944 (mantendo-se as disposições da Lei de 1927 relativas aos tribunais indígenas) (África do Sul). Esta lei aboliu os Tribunais de Comissários separados que aplicavam o direito consuetudinário e a sua jurisdição foi transferida para os Tribunais de Magistrados comuns (Harris, 1998: 74).

Para alguns, o direito indígena e a sua aplicação foram entendidos como uma espécie de reconhecimento na Constituição provisória da RAS, com o n.º 1 do artigo 21.º a inspirar-se na Constituição provisória que reconhece a instituição do direito indígena dos líderes tradicionais e os sistemas de direito indígena que estes observam.

Os tribunais são especificamente ordenados a aplicar esta lei onde ela for aplicável, e a fazê-lo de acordo com a Constituição e a legislação aplicável (Mokgoro, 1998: 8). Isto sugere que ainda não cabia aos nativos africanos exercerem a sua liberdade e os seus direitos humanos fundamentais, uma vez que ainda têm de se dirigir aos tribunais criados pelos colonizadores para obterem algum tipo de aprovação no que lhes diz respeito, o que explica o facto de a RAS moderna ser o produto da fusão de quatro colónias que formaram a União da África do Sul em 1910 (Harris, 1998: 71).

Capítulo 10
Remédios

Liberdade no policiamento

Ninguém precisa de ser controlado, mas sente-se livre para viver a vida como quiser. É evidente que o controlo sobre os outros seres humanos deriva das famílias. O círculo começa quando a criança nasce na família e há tutores que devem tomar conta dessa criança em particular. As regras nas famílias destinam-se a travar comportamentos indesejados fora das normas e padrões familiares. Os métodos de policiamento da família devem ser devolvidos às pessoas dentro dos seus limites e não centralizar tudo, pois isso prejudica a maioria e só alguns beneficiam com isso.

Também atrasa a preservação e a melhoria do modo de vida dos nativos africanos em termos de policiamento desde os tempos antigos até à atualidade. É evidente que, antigamente, o crime era um tabu e os culpados eram punidos severamente e banidos para outros locais, a fim de manter uma espécie de vida pacífica no seio das comunidades. Este facto pode ser testemunhado noutras raças humanas, como a dos índios, que ainda preservam os seus antigos estilos de vida. Vivem em comunidades e são protegidos pelos governos nos parques terrestres reservados só para eles. Os tribunais familiares e tradicionais dos tempos antigos também serviam o seu objetivo antes dos tribunais centralizados que utilizam as leis coloniais. Para as famílias, a liberdade no policiamento é uma questão muito pessoal.

Legislações

As leis coloniais centralizadas e a nova lei constitucional, que se presume não abrangerem todas as leis e ordens sociais dos nativos africanos, não acomodavam adequadamente todos os modos de vida dos nativos africanos e ainda os obrigam a fazer as coisas segundo o modo de vida centralizado, referindo-se especificamente às legislações policiais. A liberdade dos líderes comunitários e tradicionais, que são eleitos pelas comunidades ou em virtude da liderança histórica da família, é também suplantada pelas novas formas do colonialismo.

Isto aconteceu em virtude de a nova RAS ter sido formulada com base numa democracia centralizada, em vez de dar ao povo a liberdade de começar de novo. Isto aconteceu de uma forma que ainda estava a privar o modo de vida dos nativos africanos quando a nova RAS se tornou um país democrático centralizado.

Os nativos africanos da RAS tinham um modo de vida tradicional. Depois de 1994, a RAS continuou a ter um presidente, que é o líder de todo o país. Foram também criadas leis para os líderes tradicionais, a fim de os acomodar na nova RAS.

Legislação e profissão policial actuais

Os nativos africanos não formularam as actuais legislações policiais e a profissão remunerada. Ambas foram aplicadas durante mais de 300 anos, até 1994. Mesmo depois de 1994, os nativos africanos não estavam em posição de alterar tudo o que era feito em relação aos seus modos de vida nativos. Por conseguinte, afectou todos os cidadãos da RAS. Os recursos para o policiamento moderno não foram eficazes e não ajudam todas as pessoas numa vasta área geográfica da RAS.

É apenas parcialmente eficaz em algumas zonas urbanas e não em todas as zonas rurais, onde ocorrem assassínios brutais e onde não há recursos para investigar os assassínios de modo a dar resposta às diversas famílias e comunidades. O policiamento comunitário uniformizado para as diversas origens culturais não é exequível. A criação de regras de policiamento fora das famílias, clãs e comunidades cria confusão no público em geral. Por isso, a maioria das famílias de origem africana costumava avisar os seus filhos e usar a polícia profissional como um regime assustador que os levaria se fossem mal comportados.

As pessoas que cresceram na era colonial e do apartheid temiam e odiavam os profissionais da polícia. As pessoas da era democrática são informadas e confrontadas com a história de crueldade dos profissionais da polícia e com o que eles representam. A manutenção da relação com os profissionais da polícia será sempre interrompida se o governo atual continuar a praticar os métodos de policiamento colonial e do apartheid no policiamento atual. Assim, o ódio, o medo e o horror dos profissionais da polícia e da comunidade a que se submetem nas histórias do policiamento atual continuam a passar nos meios de comunicação social. É por isso que haverá sempre confrontos.

A adoção de regras uniformes para culturas diferentes sugere um compromisso para alguém e não para os outros. O policiamento não deve servir para pessoas específicas, mas para todas as famílias. Reconhecer que o método de policiamento da era colonial e do apartheid não funciona para os nativos africanos será um passo em frente. A razão é que, à partida, nunca foi pensado para eles, razão pela qual houve, e ainda há, desigualdade na prestação de serviços e na distribuição de recursos para proporcionar a todos um policiamento adequado nos tempos modernos.

Investigação sobre o policiamento dos nativos africanos

É de importância vital recorrer aos historiadores das áreas geográficas dos nativos africanos na RAS para efetuar pesquisas sobre os modos de vida e identificar as suas necessidades de policiamento. Estabelecer estruturas de policiamento de acordo com a forma como as pessoas preferem viver as suas vidas nas suas aldeias. A sensibilização e a compreensão em todas as áreas geográficas sobre a natureza do policiamento, que deriva da família, do clã e da comunidade, e que defende os direitos humanos universais, devem ser de importância primordial. Há muitas pessoas, incluindo cidadãos estrangeiros na RAS, entre as comunidades que não conhecem nem compreendem a natureza do policiamento e a integração com o alinhamento dos direitos humanos.

É de importância vital que os cidadãos estrangeiros que vivem entre as famílias, clãs e comunidades estejam conscientes e informados sobre o que é esperado nas aldeias para evitar acusações criminosas infundadas e promover a transparência. Isto pode ajudar a aumentar as hipóteses de a comunidade compreender os benefícios de construir uma relação para a segurança de todos.

Prosseguir com o sistema colonial e de apartheid em democracia

Uma vez que as legislações policiais foram, desde então, acomodadas por alguns e dominadas sobre as outras diferentes leis culturais indígenas, a educação sobre as formas de lei e ordem pode servir a justiça, tanto para a polícia como para a comunidade, na compreensão do estado atual da manutenção da lei e da ordem. No entanto, continuará a constituir uma imposição da lei, uma vez que os nativos africanos continuarão a não ter uma palavra a dizer. É muito provável que as comunidades nas zonas rurais e urbanas, que também incluem nativos e cidadãos africanos estrangeiros, não estejam conscientes da funcionalidade da legislação policial em conjunto com as legislações sobre direitos humanos.

O policiamento é uma necessidade dos seres humanos e sempre o foi, pelo que a educação é exigida e necessária para que os seres humanos nas comunidades estejam bem informados sobre os seus direitos humanos, que, se e quando forem desempacotados, responderão à necessidade de segurança e proteção, pelo que o policiamento é de importância primordial para todos, ou seja, para a polícia profissional humana e para a comunidade humana. Seminários simultâneos com as comunidades. A identificação das suas necessidades e a capacitação da polícia humana, os recursos, a aplicação correcta da lei e das ordens constitucionais e a coerência na aplicação podem ajudar a construir uma relação de confiança com a comunidade.

Poderá também contribuir para a coerência na aplicação das legislações relativas à profissão de polícia e aos direitos humanos para as comunidades de diferentes origens culturais. Assim, a comunidade estará consciente dos seus direitos enquanto seres humanos e conhecerá também o objetivo do policiamento moderno.

O policiamento bem sucedido pode ser forjado se os recursos de policiamento puderem ser distribuídos como a maioria das aldeias na RSA tem uma escola primária e secundária. Que tal cada aldeia ter os seus próprios recursos de policiamento modernos para satisfazer as necessidades de policiamento especializado da aldeia, em vez de 5 a 15 aldeias partilharem um recurso de policiamento? Os nativos africanos anteriormente desfavorecidos estabeleceriam provavelmente uma relação estreita com o policiamento profissional e a criminalidade diminuiria devido ao facto de terem sido implementados cuidados especializados para as suas necessidades de segurança e proteção.

Referências

Amnistia Internacional. 1991. *South Africa human rights violations and the security forces: a problem of accountability.* 47ª sessão da Comissão das Nações Unidas para os Direitos Humanos, 5 de fevereiro. (AFR, 53/05/91).

Bayley, D. H. 1979. *Função, estrutura e controlo da polícia na Europa Ocidental e na América do Norte: A comparative and historical studies.* Crime and justice, 1: 109-143. University of Chicago Press.

Beckley, A. Sem data. *Artigo especial: Perspetiva histórica: a evolução do policiamento comunitário desde as suas origens no Reino Unido.*

Lei da Administração dos Negros ver África do Sul. 1927.

Lei da Abolição dos Negros ver África do Sul. 1986.

Bucqueroux, B. 2007. *A brief history of policing in the United States instructor guide (Uma breve história do policiamento nos Estados Unidos).* Disponível em: http://www.policing.com/studyguide.pdf, (Acedido em 20 de junho de 2017).

Gabinete de Assistência à Justiça. 1994. *Understanding Community Policing: A Framework for Action.* Departamento de Justiça dos EUA. Gabinete de Programas de Justiça.

Buys, J. E. 2007. *A transformação da polícia sul-africana de uma força paramilitar numa agência de prestação de serviços, 1980-1998: uma avaliação histórica.* Philosophiae Doctor: Faculdade de Ciências Humanas (Departamento de História). Universidade do Estado Livre de Bloemfontein.

Carter, D.L. (eds). 2009. *Law enforcement intelligence: a guide for state, local and tribal law enforcement agencies [Inteligência para a aplicação da lei: um guia para agências de aplicação da lei estaduais, locais e tribais].* Departamento de Justiça.

Colchester, M. 2006. *Justice in the forest rural live hoods and forest law enforcement.* Centro de Investigação Florestal Internacional.

Constituição *ver* África do Sul. 1993.

Constituição *ver* África do Sul. 1998.

Dereymaeker, G. & Muntingh, L. 2013. *Compreender a impunidade no Sul*

Agências africanas de aplicação da lei. Iniciativa Prisional da Sociedade Civil. Centro de Direito Comunitário.

Finnane, M. 1999. *Police unions in Australia: history of the present (Sindicatos da polícia na Austrália: história do presente).* Canberra. Instituto Australiano de Criminologia. 9-10 de dezembro, Universidade Charles Sturt.

ENongqai. 2014. *ENongqai 1913-1994.* Uma publicação da ENongqai, 5 de abril (4) Disponível em:

https://issuu.com/hennieheymans/docs/enongqai vol 5 no 4, (Acedido em 28 de setembro de 2017).

(OITACHPR) Organização Internacional do Trabalho e Comissão Africana dos Direitos do Homem e dos Povos. 2009. *Sobre a proteção constitucional e legislativa dos direitos dos povos indígenas: África do Sul.* Universidade de Pretória. África do Sul.

Grant, H.J. & Terry, K.L. 2005. *Law enforcement in the 21st century (Aplicação da lei no século XXI).* Boston. Pearson.

Harris, B. 1998. *Indigenous Law in South Africa -Lessons for Australia?* JCULR

Hess, K. M. & Hess Orthman, C. ed.2012. Décima edição. *Introdução à aplicação da lei e à justiça penal.* Estados Unidos da América.

Jenkins, S. 2013. *Securing communities: summary of key literature on community policing.*

Kelling, L.G. & Moore, M.H. 1988. *Perspective on policing: evolving strategy of policing. Instituto Nacional de Justiça.* Programa de polícia e gestão do instituto criminal. Departamento de Justiça dos Estados Unidos.

Louw, A., Shaw, M. & Rauch, J. 2001. *Municipal policing in South Africa: development and challenges (Policiamento municipal na África do Sul: desenvolvimento e desafios).* Instituto de Estudos de Segurança. Monografia 67. novembro.

Lei de alteração do direito probatório *ver* África do Sul. 1988.

Makwerere, D., Chinzete, G.T & Musorowegomo, C. 2012. *Direitos humanos e policiamento: um estudo de caso do Zimbabué.* Revista Internacional de

Humanidades e Ciências Sociais, 2 (17) setembro: 129-138.

Manz, B. 2008. *Padrões de violações dos direitos humanos: América Central, Guatemala, El salvada, Honduras e Ni caragu*. Universidade da Califórnia. Berkely.

Meyer, P.J. & Seelk, C.R. 2015. *Iniciativa de segurança regional da América Central: Antecedentes e questões políticas para o congresso*. Serviço de investigação do Congresso. (R41731).

Mbazira, C. 2009. *Litigância dos direitos socioeconómicos na África do Sul: A choice between corrective and distribute justice*. Pretória. Imprensa Jurídica da Universidade de Pretória.

Moon, K. Sem data. *Violência policial no Brasil: incidentes da violência policial no Brasil: Direitos humanos na América Latina*. Human right welfare, 2:116 Mofomme, T.J. 2001. *Culture of the South African Police Service*. Crime research in South Africa, 1 (3) junho.

Monkkenen, E. H. 1992. *História da polícia urbana*. Crime e justiça, 15: 547588.

Mokgoro, J.Y. 1998. *Ubuntu e a lei na África do Sul*. Primeiro Colóquio Constituição e Direito. Potchefstroom em 31 de outubro de 1997. Relatório do Seminário do Colóquio. Konrad-Adenauer-Stiftung. Joanesburgo

Lei dos Tribunais de Magistrados ver África do Sul. 1944.

Muller, C. H. 2016. *Policiamento de Witwatersrand: Uma história da Polícia da República Sul-Africana, 1886-1899*. Doutoramento em Filosofia na Faculdade de Ciências Humanas. Universidade do Estado Livre. Bloemfontein

Newham, G., Masuku, T.D. & Dlamini, J. 2006. *Diversity and transformation in the South African police service: a study ofpolice perspective on race, gender and community in the Johannesburg area*. Programa de justiça criminal: centro de estudo da violência e reconciliação. março de 2006. Cooperação para o Desenvolvimento da Irlanda.

Gabinete do Alto Comissariado das Nações Unidas para os Direitos Humanos. 2002. *Human rights and law enforcement: training guide on human rights for the police*. Série de formação profissional no. 5 (2). Nações Unidas. Nova Iorque.

Instituto de Estudos Políticos. 1996. *Papéis e responsabilidades da polícia*. Fundação da Polícia. London.

Potter, G. 2014. *The History of Policing in the United States [A História do Policiamento nos Estados Unidos]*. Universidade de Eastern Kentucky.

Pfigu, T. 2012. *Respostas locais a um modelo itinerante de prevenção e gestão do crime: policiamento comunitário em Stellenbosch, África do Sul*. Dissertação de doutoramento em antropologia social. Faculdade de Artes e Cultura de Stellenbosch.

Rauch, J. Mark, S., & Louw, A. 2001. *Municipal Policing in South Africa: Development and Challenges*. Instituto de Estudos de Segurança, 67, novembro.

Ritchie, K. & Ansell, G. 2006. *Reporting courts: a handbook for South African journalists*. Fórum Nacional de Editores da África do Sul e Associações de Editores Independentes.

Sallai, J. 2012. *A história e o nascimento da aplicação da lei húngara*.

SAPS, Serviço de Polícia da África do Sul. 2014.

Serviço de Polícia da África do Sul. 2014. *A vossa revista oficial do SAPS. Polícia: Mulheres assumindo a liderança no SAPS*. agosto.

Livro do aluno de história das ciências sociais grau 7 termo 3. *Colonialismo do Cabo 17th -18th século*. Disponível em: https://e-classroom.co.za/wp-content/uploads/2014/10/EngGr7T3-SS-History-Leamers-Book.pdf, (Acedido em agosto de 2017).

África do Sul. Lei da Administração dos Negros de 1927. Pretória: Impressora do Governo.

África do Sul. Lei da Abolição dos Negros 34 de 1986. Pretória: Impressora do Governo.

África do Sul. Constituição da República da África do Sul 200 de 1993. Pretória: Impressora do Governo.

África do Sul. Constituição da República da África do Sul 108 de 1996. Pretória: Impressora do Governo.

África do Sul. Lei de Alteração do Direito de Prova 4 de 1988. Pretória: Impressora do Governo.

África do Sul. Lei dos Tribunais de Magistrados de 1944. Pretória: Impressora do Governo.

História da África do Sul em linha. *Resumos das conclusões das vítimas* Disponível em: www.sahistory.org.za/sites/default/files/trc_report_victims_10to300_vol7 .pdf. (Acedido em agosto de 2017)

UNODCP *ver* 2002

Gabinete das Nações Unidas para a Droga, o Controlo e a Prevenção da Criminalidade. 2002. *Perfil do país da África do Sul sobre drogas e crime.* Gabinete Regional para a África Austral. Gabinete das Nações Unidas para a Droga e o Crime. Pretória. África do Sul.

Gabinete das Nações Unidas para a Droga e a Prevenção do Crime. 2007. *Crime e desenvolvimento na América Central: Caught in the crossfire.*

Desconhecido. Sem data. *A história da polícia A história da polícia.* De: www.sagepub.com/sites/default/files/upm- binaries/50819 ch 1.pdf, (Acedido em 20 de junho de 2016)

Van der Spuy, E. 2005. *A reforma sul-africana na década de 1990: processos internos e influência externa.* Doutoramento em Filosofia. Departamento de Justiça Criminal. Universidade da Cidade do Cabo.

Van der Spuy, E & Rontsch, R. 2008. *Polícia e prevenção do crime em África: uma breve avaliação das estruturas, políticas e práticas. Relatório de análise temática.* Centro de Criminologia. Cidade do Cabo.

Van Graan, J. 2005. *Obstáculos que impedem o processo de transformação nos serviços de polícia sul-africanos.* MTECH. Escola de Justiça Criminal. UNISA.

Van Vuuren, H. 2014. *África do Sul: democracia, corrupção e conflito gestão.* Centro para o desenvolvimento e a empresa. Instituto Legatum. A democracia funciona: documento de conferência.

Van Niekerk, G. J. 1995. *A interação do direito indígena e do direito ocidental na*

África do Sul: Uma perspetiva histórica e comparativa. Doutoramento em Direito. Universidade da África do Sul.

Williams, H. & Murphy, P.V. 1990. *Perspective on policing: evolving strategy of the police: A monthly View.* Instituto Nacional de Justiça.

Young, M. 2007. *O serviço de polícia sul-africano como contexto específico em que a investigação é efectuada.* Universidade de Pretória. África do Sul.

Zinn, R. 2010. *Informação privilegiada: obter informações sobre o crime de ladrões de casas encarcerados.* SA crime quarterly, 32 de junho.

Printed by Books on Demand GmbH, Norderstedt / Germany